1: Multiplication – the one times table

Here is the one times table up to 12 × 1.

1 × 1 = 1
2 × 1 = 2
3 × 1 = 3
4 × 1 = 4
5 × 1 = 5
6 × 1 = 6
7 × 1 = 7
8 × 1 = 8
9 × 1 = 9
10 × 1 = 10
11 × 1 = 11
12 × 1 = 12

Activity 1

Use the one times table to fill in the missing answers.

6 × 1 = ☐   ☐ × 1 = 10
8 × 1 = ☐   ☐ × 1 = 7
1 × 1 = ☐   ☐ × 1 = 12
5 × 1 = ☐   ☐ × 1 = 9
11 × 1 = ☐   ☐ × 1 = 4
2 × 1 = ☐   ☐ × 1 = 3

2: Multiplication – the two times table

Here is the two times table up to 12 × 2.

1 × 2 = 2
2 × 2 = 4
3 × 2 = 6
4 × 2 = 8
5 × 2 = 10
6 × 2 = 12
7 × 2 = 14
8 × 2 = 16
9 × 2 = 18
10 × 2 = 20
11 × 2 = 22
12 × 2 = 24

Activity 1

Use the two times table to fill in the missing answers.

5 × 2 = ☐   ☐ × 2 = 6
8 × 2 = ☐   ☐ × 2 = 8
2 × 2 = ☐   ☐ × 2 = 24
7 × 2 = ☐   ☐ × 2 = 18
1 × 2 = ☐   ☐ × 2 = 20
11 × 2 = ☐   ☐ × 2 = 12

Activity 2

Some of these marathon runners have shirts with numbers in the two times table.

Circle all the runners who have shirts with numbers in the two times table.

3: Multiplication – the three times table

Here is the three times table up to 12 × 3.

1 × 3 = 3
2 × 3 = 6
3 × 3 = 9
4 × 3 = 12
5 × 3 = 15
6 × 3 = 18
7 × 3 = 21
8 × 3 = 24
9 × 3 = 27
10 × 3 = 30
11 × 3 = 33
12 × 3 = 36

Activity 1

Use the three times table to fill in the missing answers.

4 × 3 = ☐   ☐ × 3 = 33
7 × 3 = ☐   ☐ × 3 = 18
1 × 3 = ☐   ☐ × 3 = 6
12 × 3 = ☐   ☐ × 3 = 24
5 × 3 = ☐   ☐ × 3 = 9
10 × 3 = ☐   ☐ × 3 = 27

Activity 2

Colour all the balloons which are in the three times table red.

Colour all the other balloons a different colour.

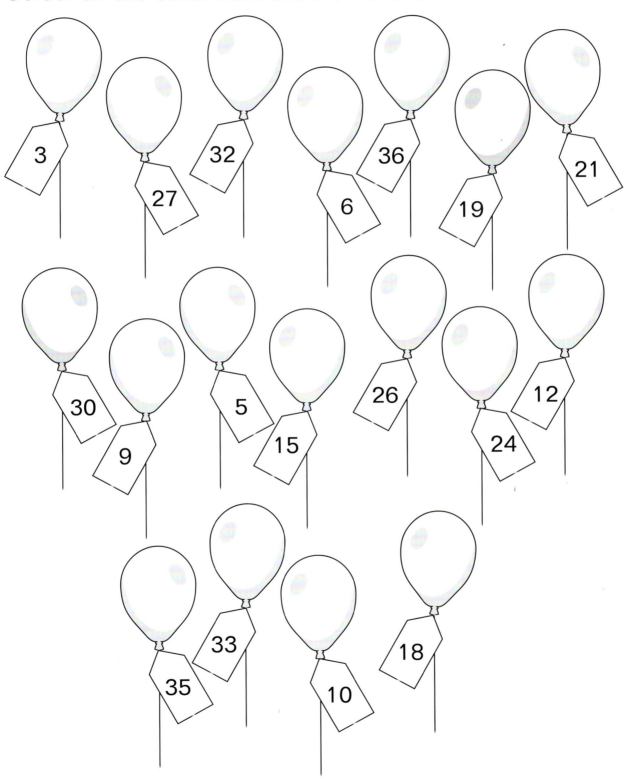

4: Multiplication – the four times table

Here is the four times table up to 12 × 4.
1 × 4 = 4
2 × 4 = 8
3 × 4 = 12
4 × 4 = 16
5 × 4 = 20
6 × 4 = 24
7 × 4 = 28
8 × 4 = 32
9 × 4 = 36
10 × 4 = 40
11 × 4 = 44
12 × 4 = 48

Activity 1

Use the four times table to fill in the missing answers.

10 × 4 = ☐
8 × 4 = ☐
1 × 4 = ☐
9 × 4 = ☐
3 × 4 = ☐
12 × 4 = ☐

☐ × 4 = 8
☐ × 4 = 44
☐ × 4 = 16
☐ × 4 = 28
☐ × 4 = 20
☐ × 4 = 24

Activity 2

This is the dressing room of Times Town Football Club.

Colour all the shirts blue with numbers on which are in the four times table.

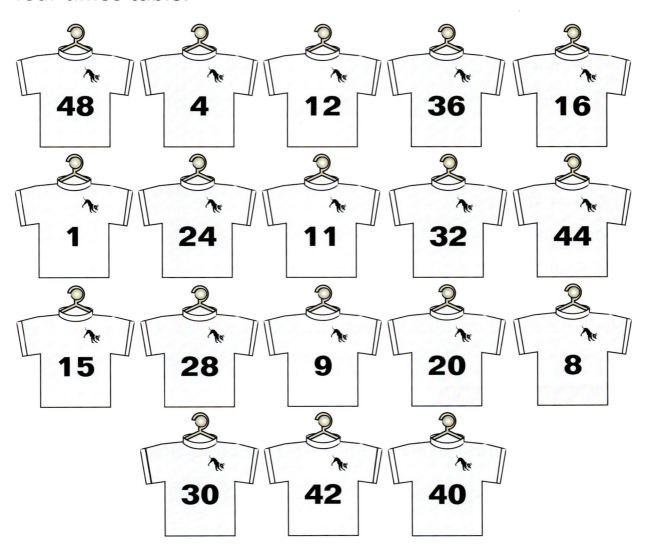

5: Multiplication – the five times table

Here is the five times table up to 12 × 5.
1 × 5 = 5
2 × 5 = 10
3 × 5 = 15
4 × 5 = 20
5 × 5 = 25
6 × 5 = 30
7 × 5 = 35
8 × 5 = 40
9 × 5 = 45
10 × 5 = 50
11 × 5 = 55
12 × 5 = 60

Activity 1

Use the five times table to fill in the missing answers.

3 × 5 = ☐   ☐ × 5 = 35
8 × 5 = ☐   ☐ × 5 = 20
10 × 5 = ☐   ☐ × 5 = 10
11 × 5 = ☐   ☐ × 5 = 30
9 × 5 = ☐   ☐ × 5 = 25
1 × 5 = ☐   ☐ × 5 = 60

Activity 2

This is the tombola stall at the Valley School Summer Fair. All the prizes have a ticket stuck on them. The winning tickets are those with numbers in the five times table.

Circle the winning tickets.

6: Multiplication – the ten times table

Here is the ten times table up to 12 × 10.
1 × 10 = 10
2 × 10 = 20
3 × 10 = 30
4 × 10 = 40
5 × 10 = 50
6 × 10 = 60
7 × 10 = 70
8 × 10 = 80
9 × 10 = 90
10 × 10 = 100
11 × 10 = 110
12 × 10 = 120

Activity 1

Use the ten times table to fill in the missing answers.

6 × 10 = ☐   ☐ × 10 = 50
8 × 10 = ☐   ☐ × 10 = 40
3 × 10 = ☐   ☐ × 10 = 110
1 × 10 = ☐   ☐ × 10 = 70
12 × 10 = ☐   ☐ × 10 = 100
2 × 10 = ☐   ☐ × 10 = 90

Activity 2

Colour all the numbers in the ten times table on this quilt.

7: Division – the two times table

Knowing the division facts for each of the tables is very helpful. They are the inverse or opposite of the multiplication tables.

Here are the division facts for the two times table.

2 ÷ 2 = 1
4 ÷ 2 = 2
6 ÷ 2 = 3
8 ÷ 2 = 4
10 ÷ 2 = 5
12 ÷ 2 = 6
14 ÷ 2 = 7
16 ÷ 2 = 8
18 ÷ 2 = 9
20 ÷ 2 = 10
22 ÷ 2 = 11
24 ÷ 2 = 12

Activity 1

Use the division facts to answer these questions.
- **a** What is 18 divided by 2?
- **b** How many 2s are there in 14?
- **c** How many groups of two are there in 24?
- **d** How many times does 2 fit into 10?
- **e** What is eight shared by two?

8: Division – the three times table

Here are the division facts for the three times table.
3 ÷ 3 = 1
6 ÷ 3 = 2
9 ÷ 3 = 3
12 ÷ 3 = 4
15 ÷ 3 = 5
18 ÷ 3 = 6
21 ÷ 3 = 7
24 ÷ 3 = 8
27 ÷ 3 = 9
30 ÷ 3 = 10
33 ÷ 3 = 11
36 ÷ 3 = 12

Activity 1

Use the division facts to answer these questions.

a What is 21 divided by 3?
b How many 3s are there in 30?
c What is 15 shared by 3?
d How many times does 3 fit into 12?
e How many groups of three are there in 36?

9: Division – the four times table

Here are the division facts for the four times table.

4 ÷ 4 = 1
8 ÷ 4 = 2
12 ÷ 4 = 3
16 ÷ 4 = 4
20 ÷ 4 = 5
24 ÷ 4 = 6
28 ÷ 4 = 7
32 ÷ 4 = 8
36 ÷ 4 = 9
40 ÷ 4 = 10
44 ÷ 4 = 11
48 ÷ 4 = 12

Activity 1

Use the division facts to answer these questions.
- **a** What is 28 divided by 4? ☐
- **b** How many 4s fit into 44? ☐
- **c** What is 20 shared by 4? ☐
- **d** How many times does 4 fit into 12? ☐
- **e** How many groups of four are there in 32? ☐

10: Division – the five times table

Here are the division facts for the five times table.

5 ÷ 5 = 1
10 ÷ 5 = 2
15 ÷ 5 = 3
20 ÷ 5 = 4
25 ÷ 5 = 5
30 ÷ 5 = 6
35 ÷ 5 = 7
40 ÷ 5 = 8
45 ÷ 5 = 9
50 ÷ 5 = 10
55 ÷ 5 = 11
60 ÷ 5 = 12

Activity 1

Use the division facts to answer these questions.

a. What is 40 divided by 5?
b. How many fives are there in twenty-five?
c. What is 50 shared by 5?
d. How many groups of 5 are there in 30?
e. How many times does 5 fit into 15?

11: Division – the ten times table

Here are the division facts for the ten times table.

10 ÷ 10 = 1
20 ÷ 10 = 2
30 ÷ 10 = 3
40 ÷ 10 = 4
50 ÷ 10 = 5
60 ÷ 10 = 6
70 ÷ 10 = 7
80 ÷ 10 = 8
90 ÷ 10 = 9
100 ÷ 10 = 10
110 ÷ 10 = 11
120 ÷ 10 = 12

Activity 1

Use the division facts to answer these questions.

a What is 60 divided by 10? ☐
b How many times does 10 fit into 80? ☐
c How many groups of ten are there in 110? ☐
d What is 40 shared by 10? ☐
e How many tens are there in 20? ☐

12: You are the teacher!

Activity 1

Mark these test papers.
Put a tick in the box for those that are correct. ✓
Put a cross in the box for those that are wrong. ✗

Test 1

3 × 10 = 30
5 × 5 = 35
1 × 6 = 1
4 × 3 = 12
2 × 8 = 18
10 × 10 = 100
3 × 7 = 21
4 × 4 = 8
2 × 11 = 24
10 × 2 = 20

Marks out of 10

Test 2

1 × 1 = 2
3 × 9 = 27
5 × 3 = 15
4 × 7 = 32
2 × 6 = 12
10 × 7 = 17
3 × 10 = 30
4 × 3 = 12
2 × 9 = 18
1 × 11 = 33

Marks out of 10

Activity 2

Mark these test papers.
Put a tick in the box for those that are correct. ✓
Put a cross in the box for those that are wrong. ✗

Test 1

16 ÷ 4 = 4
30 ÷ 5 = 6
120 ÷ 10 = 14
32 ÷ 4 = 6
45 ÷ 5 = 9
22 ÷ 2 = 11
36 ÷ 3 = 10
12 ÷ 1 = 11
18 ÷ 3 = 9
16 ÷ 2 = 8

Marks out of 10

Test 2

24 ÷ 4 = 8
10 ÷ 5 = 2
9 ÷ 1 = 9
14 ÷ 2 = 7
21 ÷ 3 = 7
80 ÷ 10 = 8
12 ÷ 4 = 5
40 ÷ 5 = 6
22 ÷ 2 = 6
15 ÷ 3 = 4

Marks out of 10

19

13: Multiplication – mixed tables

Fill in the answers to these multiplications.

1 × 6 = ☐	1 × 8 = ☐
2 × 4 = ☐	2 × 5 = ☐
3 × 5 = ☐	3 × 8 = ☐
1 × 7 = ☐	1 × 3 = ☐
2 × 8 = ☐	2 × 9 = ☐
3 × 3 = ☐	3 × 7 = ☐
1 × 12 = ☐	1 × 10 = ☐
2 × 7 = ☐	2 × 2 = ☐
3 × 9 = ☐	3 × 4 = ☐
1 × 1 = ☐	1 × 9 = ☐
2 × 12 = ☐	2 × 6 = ☐
3 × 11 = ☐	3 × 2 = ☐

Activity 2

Fill in the answers to these multiplications.

4 × 2	=	☐	4 × 8	=	☐
5 × 7	=	☐	5 × 12	=	☐
10 × 3	=	☐	10 × 2	=	☐
4 × 5	=	☐	4 × 4	=	☐
5 × 5	=	☐	5 × 8	=	☐
10 × 8	=	☐	10 × 12	=	☐
4 × 1	=	☐	4 × 9	=	☐
5 × 9	=	☐	5 × 4	=	☐
10 × 9	=	☐	10 × 1	=	☐
4 × 3	=	☐	4 × 10	=	☐
5 × 6	=	☐	5 × 11	=	☐
10 × 5	=	☐	10 × 11	=	☐

14: Mix and match

Activity 1

Draw a line to match each multiplication table sum with the correct answer.

Some answers will have more than one matching multiplication table sum.

The first one has been done for you.

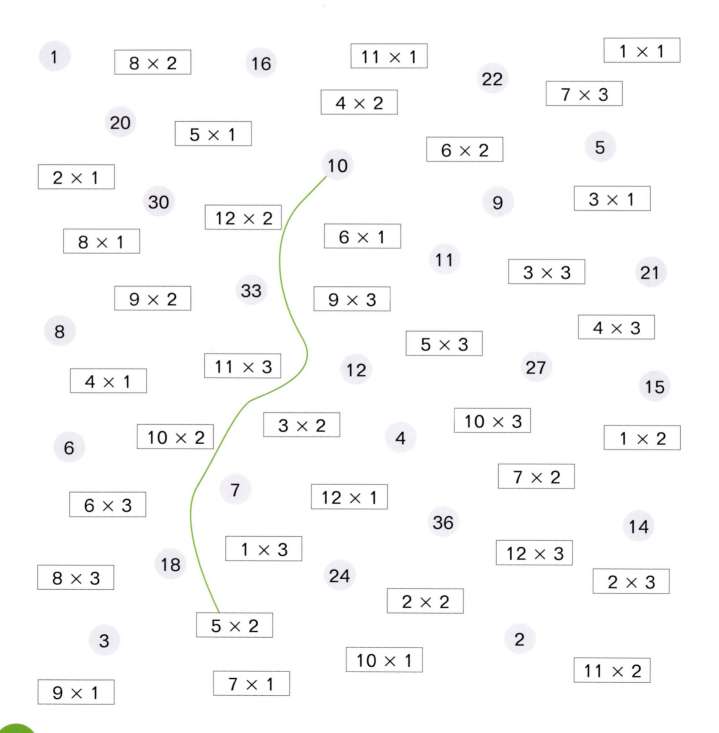

Activity 2

Draw a line to match each multiplication table sum with the correct answer.

Some answers will have more than one matching multiplication table sum.

The first one has been done for you.

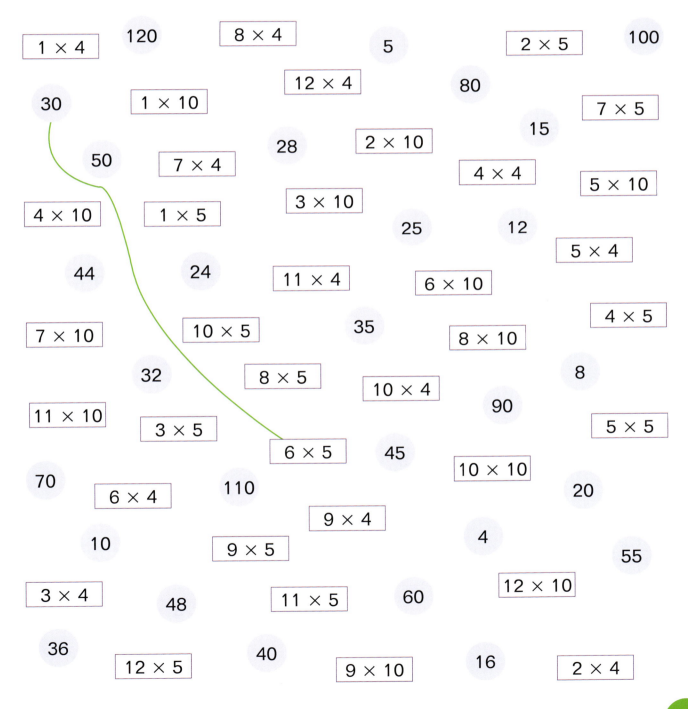

Activity 3

Draw a line to match each division sum with the correct answer.

Some answers will have more than one matching division sum.

The first one has been done for you.

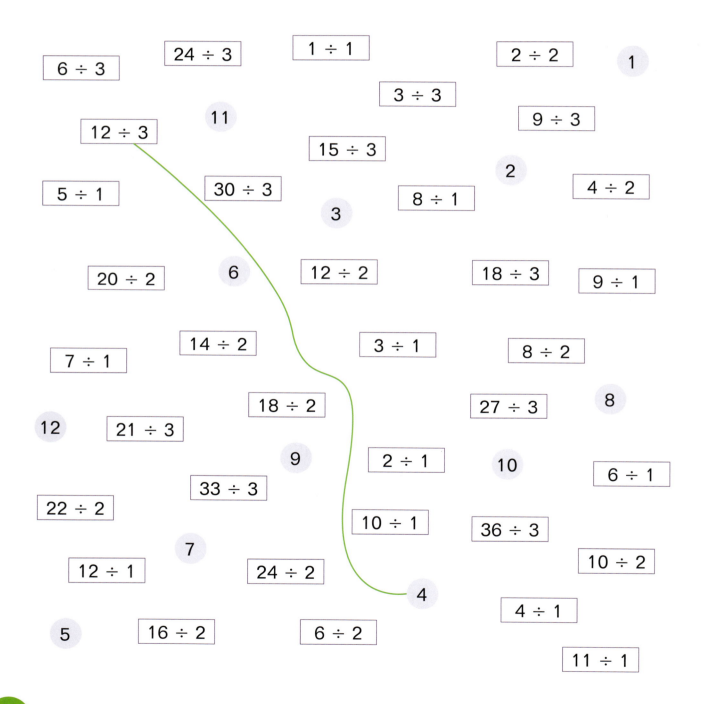

Activity 4

Draw a line to match each division sum with the correct answer.

Some answers will have more than one matching division sum.

The first one has been done for you.

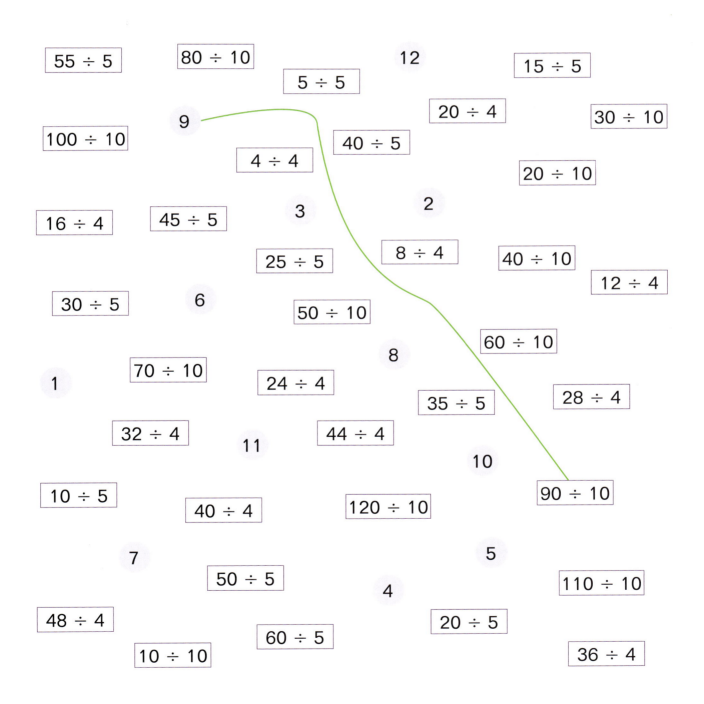

15: Mixed speed tests – multiplication facts

Activity 1

Time yourself and complete these tables.

10 × 1	
8 × 2	
1 × 1	
3 × 1	
4 × 2	
5 × 1	
7 × 2	
8 × 1	
9 × 2	
11 × 2	
12 × 1	
2 × 2	
Time Taken	

1 × 2	
7 × 1	
12 × 2	
4 × 1	
3 × 2	
6 × 1	
5 × 2	
2 × 1	
6 × 2	
11 × 1	
10 × 2	
9 × 1	
Time Taken	

Can you beat your record?

Activity 2

Time yourself and complete these tables.

10 × 3	
8 × 4	
1 × 3	
3 × 3	
4 × 4	
5 × 3	
7 × 4	
8 × 3	
9 × 4	
11 × 4	
12 × 3	
2 × 4	
Time Taken	

1 × 4	
7 × 3	
12 × 4	
4 × 3	
3 × 4	
6 × 3	
5 × 4	
2 × 3	
6 × 4	
11 × 3	
10 × 4	
9 × 3	
Time Taken	

Can you beat your record?

Activity 3

Time yourself and complete these tables.

10 × 5	
8 × 10	
1 × 5	
3 × 5	
4 × 10	
5 × 5	
7 × 10	
8 × 5	
9 × 10	
11 × 10	
12 × 5	
2 × 10	
Time Taken	

1 × 10	
7 × 5	
12 × 10	
4 × 5	
3 × 10	
6 × 5	
5 × 10	
2 × 5	
6 × 10	
11 × 5	
10 × 10	
9 × 5	
Time Taken	

Can you beat your record?

16: Mixed speed tests – division facts

Activity 1

Time yourself and complete these division facts.

1 ÷ 1	
8 ÷ 2	
10 ÷ 1	
3 ÷ 1	
2 ÷ 2	
5 ÷ 1	
24 ÷ 2	
8 ÷ 1	
14 ÷ 2	
18 ÷ 2	
12 ÷ 1	
4 ÷ 2	
Time Taken	

10 ÷ 2	
7 ÷ 1	
12 ÷ 2	
6 ÷ 1	
22 ÷ 2	
4 ÷ 1	
6 ÷ 2	
2 ÷ 1	
16 ÷ 2	
11 ÷ 1	
20 ÷ 2	
9 ÷ 1	
Time Taken	

Can you beat your record?

Activity 2

Time yourself and complete these division facts.

15 ÷ 3	
8 ÷ 4	
36 ÷ 3	
3 ÷ 3	
16 ÷ 4	
24 ÷ 3	
32 ÷ 4	
30 ÷ 3	
48 ÷ 4	
36 ÷ 4	
12 ÷ 3	
4 ÷ 4	
Time Taken	

28 ÷ 4	
18 ÷ 3	
12 ÷ 4	
6 ÷ 3	
44 ÷ 4	
27 ÷ 3	
24 ÷ 4	
33 ÷ 3	
20 ÷ 4	
21 ÷ 3	
40 ÷ 4	
9 ÷ 3	
Time Taken	

Can you beat your record?

28

Activity 3

Time yourself and complete these division facts.

60 ÷ 5	
20 ÷ 10	
10 ÷ 5	
20 ÷ 5	
80 ÷ 10	
5 ÷ 5	
50 ÷ 10	
25 ÷ 5	
100 ÷ 10	
60 ÷ 10	
15 ÷ 5	
30 ÷ 10	
Time Taken	

10 ÷ 10	
45 ÷ 5	
90 ÷ 10	
50 ÷ 5	
40 ÷ 10	
40 ÷ 5	
120 ÷ 10	
30 ÷ 5	
70 ÷ 10	
35 ÷ 5	
110 ÷ 10	
55 ÷ 5	
Time Taken	

Can you beat your record?

17: Giant speed tests

Activity 1

Time to test your times tables knowledge!

Try to answer each question without looking back in this book.

Ask a grown-up to time how long it takes you.

1 × 4		6 × 1	
7 × 2		8 × 5	
5 × 5		3 × 10	
9 × 4		5 × 2	
9 × 1		10 × 4	
11 × 5		8 × 10	
1 × 3		2 × 4	
2 × 2		11 × 10	
10 × 10		7 × 1	
1 × 5		7 × 5	
12 × 2		7 × 4	
8 × 3		1 × 2	
1 × 1		2 × 3	
6 × 4		5 × 4	
1 × 10		3 × 4	
12 × 4		2 × 1	
4 × 2		2 × 5	
6 × 10		9 × 3	
12 × 3		12 × 5	
9 × 2		10 × 1	
7 × 10		2 × 10	
3 × 5		6 × 5	
4 × 1		8 × 2	
5 × 3		9 × 10	
9 × 5		8 × 1	

30

10 × 2
3 × 2
6 × 3
4 × 10
8 × 4
3 × 1
4 × 4
3 × 3
4 × 5
11 × 3
11 × 1

7 × 3
10 × 5
12 × 1
11 × 4
6 × 2
5 × 10
5 × 1
4 × 3
12 × 10
10 × 3
11 × 2

Total Score (out of 72)

Time Taken

Under 3 minutes = Mega Star

Under 4 minutes = Super Star

Under 5 minutes = Shooting Star

Under 10 minutes = Rising Star

Activity 2

Time to test your division facts knowledge!

Try to answer each question without looking back in this book.

Ask a grown-up to time how long it takes you.

12 ÷ 2		11 ÷ 1	
20 ÷ 4		44 ÷ 4	
10 ÷ 10		20 ÷ 2	
9 ÷ 3		60 ÷ 10	
25 ÷ 5		27 ÷ 3	
40 ÷ 4		50 ÷ 5	
7 ÷ 1		1 ÷ 1	
100 ÷ 10		120 ÷ 10	
15 ÷ 3		14 ÷ 2	
5 ÷ 5		20 ÷ 10	
28 ÷ 4		12 ÷ 4	
9 ÷ 1		10 ÷ 5	
45 ÷ 5		8 ÷ 1	
36 ÷ 4		3 ÷ 3	
2 ÷ 2		40 ÷ 10	
50 ÷ 10		32 ÷ 4	
4 ÷ 4		33 ÷ 3	
24 ÷ 3		4 ÷ 2	
55 ÷ 5		20 ÷ 5	
2 ÷ 1		12 ÷ 3	
30 ÷ 5		8 ÷ 2	
30 ÷ 3		6 ÷ 1	
70 ÷ 10		110 ÷ 10	
18 ÷ 2		16 ÷ 4	

5 ÷ 1
80 ÷ 10
16 ÷ 2
6 ÷ 3
12 ÷ 1
35 ÷ 5
8 ÷ 4
6 ÷ 2
15 ÷ 5
3 ÷ 1
30 ÷ 10
36 ÷ 3

10 ÷ 1
24 ÷ 2
90 ÷ 10
24 ÷ 4
4 ÷ 1
48 ÷ 4
18 ÷ 3
22 ÷ 2
60 ÷ 5
10 ÷ 2
40 ÷ 5
21 ÷ 3

Total Score (out of 72)

Time Taken

Under 3 minutes = Mega Star

Under 4 minutes = Super Star

Under 5 minutes = Shooting Star

Under 10 minutes = Rising Star

33

18: Doubling

Activity 1

Doubling is multiplying a number by 2.

Double the number of legs on these creepy-crawlies. Draw the correct number of legs on the bodies to match the other side.

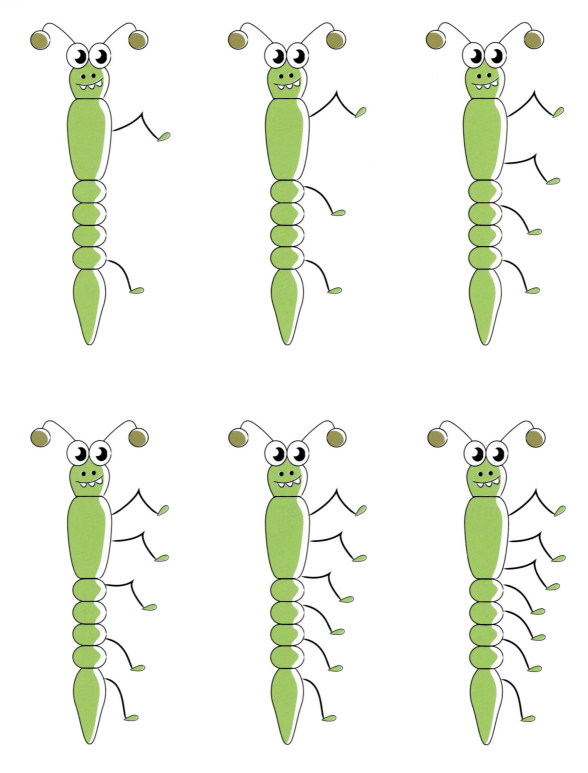

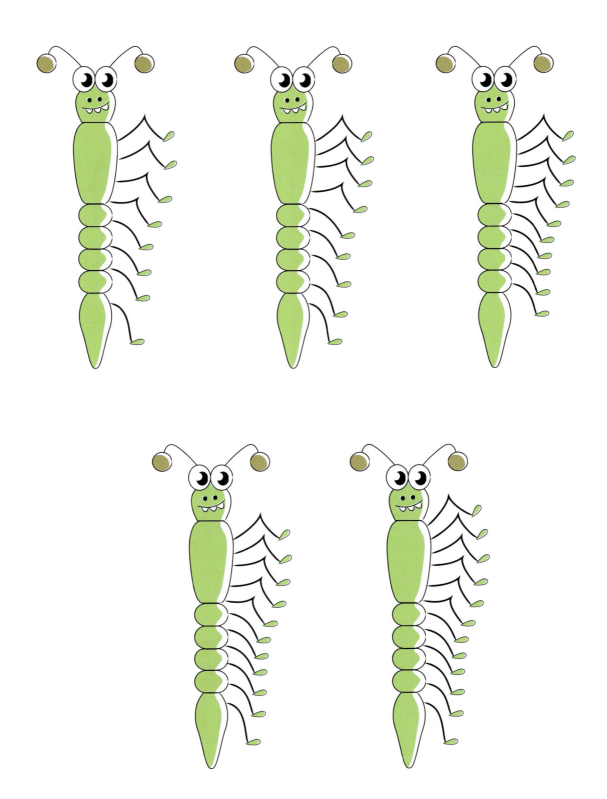

19: Halving

Activity 1

Halving is dividing a number by two.
Write the numbers that are half of these totals.

a Half the number of spots on this leopard is ☐

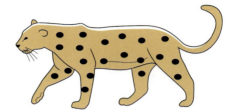

b Half the number of birds on this perch is ☐

c Half the number of sweets in this jar is ☐

d Half the number of biscuits on this plate is ☐

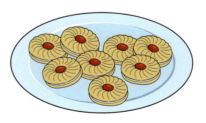

e Half the number of people on this bus is ☐

f Half the number of fish in this tank is ☐

g Half the number of stripes on this tiger is ☐

h Half the number of eggs in this box is ☐

i Half the number of coins in this purse is ☐

j Half the number of football stickers on this page is ☐

k Half the number of trainers on this rack is ☐

20: Number patterns

Activity 1

Complete these number snakes for the one, two and three times tables.

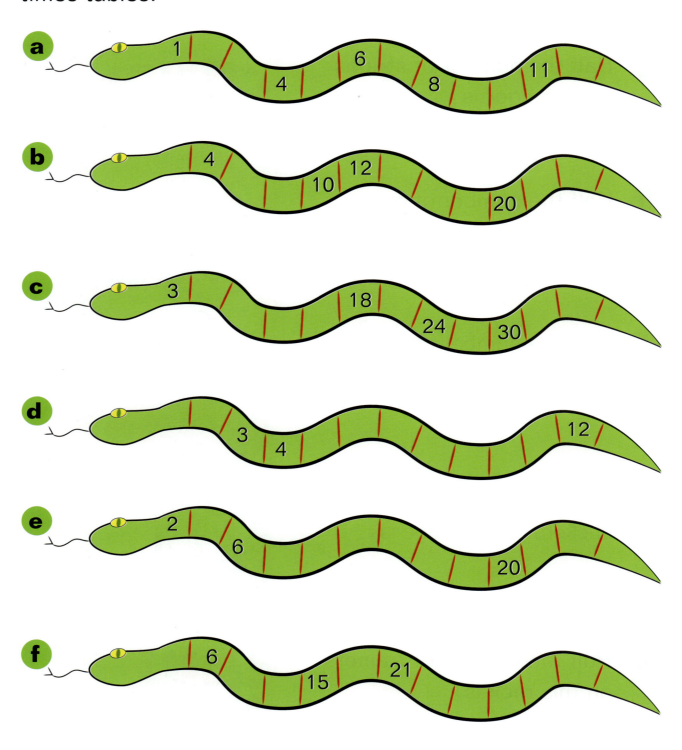

Activity 2

Complete these snakes for the four, five and ten times tables.

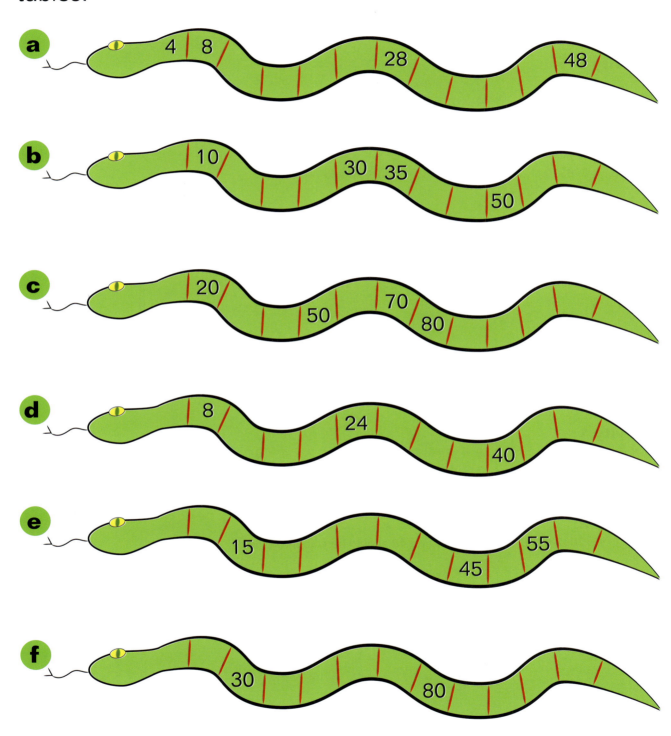

Answers

Unit 1
Activity 1
6 × 1 = 6
8 × 1 = 8
1 × 1 = 1

5 × 1 = 5
11 × 1 = 11
2 × 1 = 2

10 × 1 = 10
7 × 1 = 7
12 × 1 = 12

9 × 1 = 9
4 × 1 = 4
3 × 1 = 3

Unit 2
Activity 1
5 × 2 = 10
8 × 2 = 16
2 × 2 = 4

7 × 2 = 14
1 × 2 = 2
11 × 2 = 22

3 × 2 = 6
4 × 2 = 8
12 × 2 = 24

9 × 2 = 18
10 × 2 = 20
6 × 2 = 12

Activity 2
Shirts 2, 4, 6, 8, 10, 12, 14, 16, 18, 20, 22 and 24 should be circled.

Unit 3
Activity 1
4 × 3 = 12
7 × 3 = 21
1 × 3 = 3

12 × 3 = 36
5 × 3 = 15
10 × 3 = 30

11 × 3 = 33
6 × 3 = 18
2 × 3 = 6

8 × 3 = 24
3 × 3 = 9
9 × 3 = 27

Activity 2
3, 6, 9, 12, 15, 18, 21, 24, 27, 30, 33 and 36 should be coloured red.

Unit 4
Activity 1
10 × 4 = 40
8 × 4 = 32
1 × 4 = 4

9 × 4 = 36
3 × 4 = 12
12 × 4 = 48

2 × 4 = 8
11 × 4 = 44
4 × 4 = 16

7 × 4 = 28
5 × 4 = 20
6 × 4 = 24

Activity 2
4, 8, 12, 16, 20, 24, 28, 32, 36, 40, 44 and 48 should be coloured blue.

Unit 5
Activity 1
3 × 5 = 15
8 × 5 = 40
10 × 5 = 50

11 × 5 = 55
9 × 5 = 45
1 × 5 = 5

7 × 5 = 35
4 × 5 = 20
2 × 5 = 10

6 × 5 = 30
5 × 5 = 25
12 × 5 = 60

Activity 2
5, 10, 15, 20, 25, 30, 35, 40, 45, 50, 55 and 60 should be circled.

Unit 6

Activity 1

6 × 10 = 60	1 × 10 = 10	5 × 10 = 50	7 × 10 = 70
8 × 10 = 80	12 × 10 = 120	4 × 10 = 40	10 × 10 = 100
3 × 10 = 30	2 × 10 = 20	11 × 10 = 110	9 × 10 = 90

Activity 2
10, 20, 30, 40, 50, 60, 70, 80, 90, 100, 110 and 120 should be coloured.

Unit 7

Activity 1
a 9, b 7, c 12, d 5, e 4

Unit 9

Activity 1
a 7, b 11, c 5, d 3, e 8

Unit 11

Activity 1
a 6, b 8, c 11, d 4, e 2

Unit 8

Activity 1
a 7, b 10, c 5, d 4, e 12

Unit 10

Activity 1
a 8, b 5, c 10, d 6, e 3

Unit 12

Activity 1

Test 1

3 × 10 = 30 ✓	2 × 8 = 18 ✗ 16	2 × 11 = 24 ✗ 22
5 × 5 = 35 ✗ 25	10 × 10 = 100 ✓	10 × 2 = 20 ✓
1 × 6 = 1 ✗ 6	3 × 7 = 21 ✓	
4 × 3 = 12 ✓	4 × 4 = 8 ✗ 16	

Test 2

1 × 1 = 2 ✗ 1	2 × 6 = 12 ✓	2 × 9 = 18 ✓
3 × 9 = 27 ✓	10 × 7 = 17 ✗ 70	1 × 11 = 33 ✗ 11
5 × 3 = 15 ✓	3 × 10 = 30 ✓	
4 × 7 = 32 ✗ 28	4 × 3 = 12 ✓	

Activity 2

Test 1

16 ÷ 4 = 4 ✓	45 ÷ 5 = 9 ✓	18 ÷ 3 = 9 ✗ 6
30 ÷ 5 = 6 ✓	22 ÷ 2 = 11 ✓	16 ÷ 2 = 8 ✓
120 ÷ 10 = 14 ✗ 12	36 ÷ 3 = 10 ✗ 12	
32 ÷ 4 = 6 ✗ 8	12 ÷ 1 = 11 ✗ 12	

Test 2

24 ÷ 4 = 8 ✗ 6	21 ÷ 3 = 7 ✓	22 ÷ 2 = 6 ✗ 11
10 ÷ 5 = 2 ✓	80 ÷ 10 = 8 ✓	15 ÷ 3 = 4 ✗ 5
9 ÷ 1 = 9 ✓	12 ÷ 4 = 5 ✗ 3	
14 ÷ 2 = 7 ✓	40 ÷ 5 = 6 ✗ 8	

Unit 13
Activity 1
1 × 6 = 6
2 × 4 = 8
3 × 5 = 15
1 × 7 = 7
2 × 8 = 16
3 × 3 = 9

1 × 12 = 12
2 × 7 = 14
3 × 9 = 27
1 × 1 = 1
2 × 12 = 24
3 × 11 = 33

1 × 8 = 8
2 × 5 = 10
3 × 8 = 24
1 × 3 = 3
2 × 9 = 18
3 × 7 = 21

1 × 10 = 10
2 × 2 = 4
3 × 4 = 12
1 × 9 = 9
2 × 6 = 12
3 × 2 = 6

Activity 2
4 × 2 = 8
5 × 7 = 35
10 × 3 = 30
4 × 5 = 20
5 × 5 = 25
10 × 8 = 80

4 × 1 = 4
5 × 9 = 45
10 × 9 = 90
4 × 3 = 12
5 × 6 = 30
10 × 5 = 50

4 × 8 = 32
5 × 12 = 60
10 × 2 = 20
4 × 4 = 16
5 × 8 = 40
10 × 12 = 120

4 × 9 = 36
5 × 4 = 20
10 × 1 = 10
4 × 10 = 40
5 × 11 = 55
10 × 11 = 110

Unit 14
Activity 1

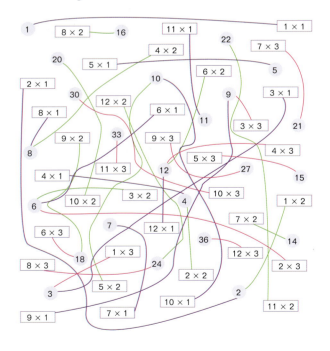

Activity 2

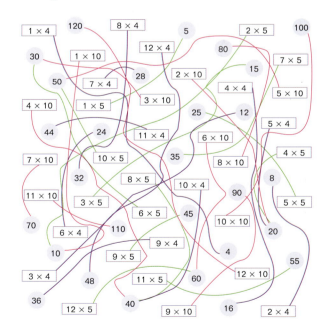

42

Activity 3

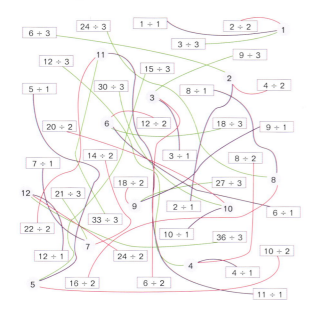

Activity 4

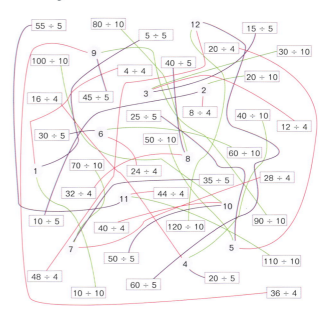

Unit 15

Activity 1

10 × 1	10
8 × 2	16
1 × 1	1
3 × 1	3
4 × 2	8
5 × 1	5
7 × 2	14
8 × 1	8
9 × 2	18
11 × 2	22
12 × 1	12
2 × 2	4

1 × 2	2
7 × 1	7
12 × 2	24
4 × 1	4
3 × 2	6
6 × 1	6
5 × 2	10
2 × 1	2
6 × 2	12
11 × 1	11
10 × 2	20
9 × 1	9

Activity 3

10 × 5	50
8 × 10	80
1 × 5	5
3 × 5	15
4 × 10	40
5 × 5	25
7 × 10	70
8 × 5	40
9 × 10	90
11 × 10	110
12 × 5	60
2 × 10	20

1 × 10	10
7 × 5	35
12 × 10	120
4 × 5	20
3 × 10	30
6 × 5	30
5 × 10	50
2 × 5	10
6 × 10	60
11 × 5	55
10 × 10	100
9 × 5	45

Activity 2

10 × 3	30
8 × 4	32
1 × 3	3
3 × 3	9
4 × 4	16
5 × 3	15
7 × 4	28
8 × 3	24
9 × 4	36
11 × 4	44
12 × 3	36
2 × 4	8

1 × 4	4
7 × 3	21
12 × 4	48
4 × 3	12
3 × 4	12
6 × 3	18
5 × 4	20
2 × 3	6
6 × 4	24
11 × 3	33
10 × 4	40
9 × 3	27

Unit 16

Activity 1

1 ÷ 1	1
8 ÷ 2	4
10 ÷ 1	10
3 ÷ 1	3
2 ÷ 2	1
5 ÷ 1	5
24 ÷ 2	12
8 ÷ 1	8
14 ÷ 2	7
18 ÷ 2	9
12 ÷ 1	12
4 ÷ 2	2

10 ÷ 2	5
7 ÷ 1	7
12 ÷ 2	6
6 ÷ 1	6
22 ÷ 2	11
4 ÷ 1	4
6 ÷ 2	3
2 ÷ 1	2
16 ÷ 2	8
11 ÷ 1	11
20 ÷ 2	10
9 ÷ 1	9

Activity 3

60 ÷ 5	12
20 ÷ 10	2
10 ÷ 5	2
20 ÷ 5	4
80 ÷ 10	8
5 ÷ 5	1
50 ÷ 10	5
25 ÷ 5	5
100 ÷ 10	10
60 ÷ 10	6
15 ÷ 5	3
30 ÷ 10	3

10 ÷ 10	1
45 ÷ 5	9
90 ÷ 10	9
50 ÷ 5	10
40 ÷ 10	4
40 ÷ 5	8
120 ÷ 10	12
30 ÷ 5	6
70 ÷ 10	7
35 ÷ 5	7
110 ÷ 10	11
55 ÷ 5	11

Activity 2

15 ÷ 3	5
8 ÷ 4	2
36 ÷ 3	12
3 ÷ 3	1
16 ÷ 4	4
24 ÷ 3	8
32 ÷ 4	8
30 ÷ 3	10
48 ÷ 4	12
36 ÷ 4	9
12 ÷ 3	4
4 ÷ 4	1

28 ÷ 4	7
18 ÷ 3	6
12 ÷ 4	3
6 ÷ 3	2
44 ÷ 4	11
27 ÷ 3	9
24 ÷ 4	6
33 ÷ 3	11
20 ÷ 4	5
21 ÷ 3	7
40 ÷ 4	10
9 ÷ 3	3

Unit 17

Activity 1

1 × 4	4
7 × 2	14
5 × 5	25
9 × 4	36
9 × 1	9
11 × 5	55
1 × 3	3
2 × 2	4
10 × 10	100
1 × 5	5
12 × 2	24
8 × 3	24
1 × 1	1
6 × 4	24
1 × 10	10
12 × 4	48
4 × 2	8
6 × 10	60

12 × 3	36
9 × 2	18
7 × 10	70
3 × 5	15
4 × 1	4
5 × 3	15
9 × 5	45
6 × 1	6
8 × 5	40
3 × 10	30
5 × 2	10
10 × 4	40
8 × 10	80
2 × 4	8
11 × 10	110
7 × 1	7
7 × 5	35
7 × 4	28

1 × 2	2
2 × 3	6
5 × 4	20
3 × 4	12
2 × 1	2
2 × 5	10
9 × 3	27
12 × 5	60
10 × 1	10
2 × 10	20
6 × 5	30
8 × 2	16
9 × 10	90
8 × 1	8
10 × 2	20
3 × 2	6
6 × 3	18
4 × 10	40

8 × 4	32
3 × 1	3
4 × 4	16
3 × 3	9
4 × 5	20
11 × 3	33
11 × 1	11
7 × 3	21
10 × 5	50
12 × 1	12
11 × 4	44
6 × 2	12
5 × 10	50
5 × 1	5
4 × 3	12
12 × 10	120
10 × 3	30
11 × 2	22

44

Activity 2

12 ÷ 2	6	55 ÷ 5	11	8 ÷ 1	8	8 ÷ 4	2
20 ÷ 4	5	2 ÷ 1	2	3 ÷ 3	1	6 ÷ 2	3
10 ÷ 10	1	30 ÷ 5	6	40 ÷ 10	4	15 ÷ 5	3
9 ÷ 3	3	30 ÷ 3	10	32 ÷ 4	8	3 ÷ 1	3
25 ÷ 5	5	70 ÷ 10	7	33 ÷ 3	11	30 ÷ 10	3
40 ÷ 4	10	18 ÷ 2	9	4 ÷ 2	2	36 ÷ 3	12
7 ÷ 1	7	11 ÷ 1	11	20 ÷ 5	4	10 ÷ 1	10
100 ÷ 10	10	44 ÷ 4	11	12 ÷ 3	4	24 ÷ 2	12
15 ÷ 3	5	20 ÷ 2	10	8 ÷ 2	4	90 ÷ 10	9
5 ÷ 5	1	60 ÷ 10	6	6 ÷ 1	6	24 ÷ 4	6
28 ÷ 4	7	27 ÷ 3	9	110 ÷ 10	11	4 ÷ 1	4
9 ÷ 1	9	50 ÷ 5	10	16 ÷ 4	4	48 ÷ 4	12
45 ÷ 5	9	1 ÷ 1	1	5 ÷ 1	5	18 ÷ 3	6
36 ÷ 4	9	120 ÷ 10	12	80 ÷ 10	8	22 ÷ 2	11
2 ÷ 2	1	14 ÷ 2	7	16 ÷ 2	8	60 ÷ 5	12
50 ÷ 10	5	20 ÷ 10	2	6 ÷ 3	2	10 ÷ 2	5
4 ÷ 4	1	12 ÷ 4	3	12 ÷ 1	12	40 ÷ 5	8
24 ÷ 3	8	10 ÷ 5	2	35 ÷ 5	7	21 ÷ 3	7

Unit 18
Activity 1

 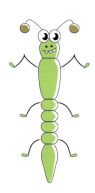 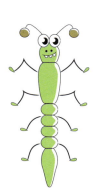 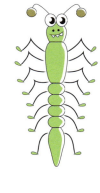 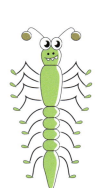 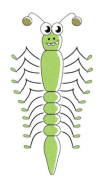

 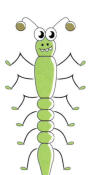 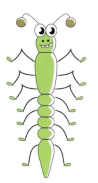 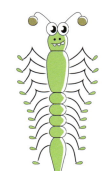 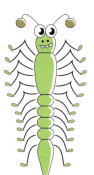

45

d 4 biscuits
e 9 people
f 5 fish

g 6 stripes
h 3 eggs
i 7 coins
j 12 stickers
k 11 trainers

Unit 20
Activity 1

a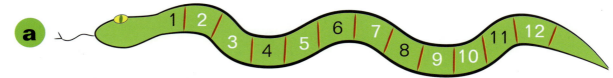

b

c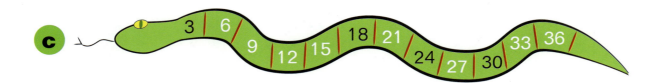

d

e

f

Activity 2

a

b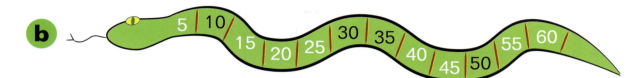

c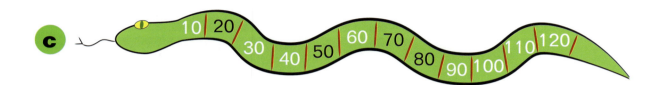

d

e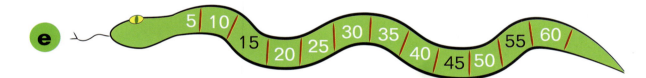

f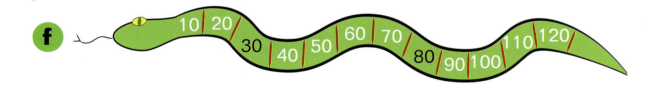

...gest home-learning range

WHSmith

...hs Practice Workbooks are available for **ages 5–7**

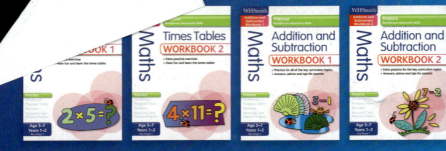

English titles are also available.

Your Learning Journey

The comprehensive range of **WHSmith** home-learning books forms a Learning Journey that supports children's education and helps to prepare for every success at school. We support children – and parents – through every step of that journey.

Practice — Reinforces classroom core skills
Challenge — Stretches more-able children
Progress — 10-minute progress checks
Revision — Develop skills for tests
Test — Practice for National Tests

Practice

The WHSmith Practice Workbooks for key stage 1 provide extra activities and support, building your child's confidence and understanding.

+ Plenty of practice to boost confidence
+ Clearly explains working with numbers
+ Fun activities for you to work through at home
+ Written by experienced teachers

For more information plus advice and support for parents visit www.whsmith.co.uk/readytoprogress

Shop online at whsmith.co.uk
WH Smith Retail Ltd SN3 3RX

ISBN 978-1-4441-8814-1